AF320737

QUELQUES MOTS

SUR LE SYSTÈME DE GUERRE

DU GÉNÉRAL

ZUMALA-CARREGUY,

COMMANDANT EN CHEF LES TROUPES

DE DON CARLOS,

En réponse à un article inséré dans le *Journal des Débats*
du 27 avril 1835.

BIBLIOTHÈQUE ROYALE

PARIS.

IMPRIMERIE-LIBRAIRIE DE G.-A. DENTU,
rue d'Erfurth, 1 *bis*.
1835.

Sous le titre de *Quelques réflexions sur la guerre civile du nord de l'Espagne,* on a lu, dans le *Journal des Débats* du 27 avril, un article fort curieux du général B******. Sans partager les opinions politiques ni toutes les opinions militaires de l'auteur, il est juste de reconnaître que cet article, écrit avec modération et même avec une certaine impartialité, renferme plusieurs vérités. Les opérations militaires de Mina, et implicitement celles de ses prédécesseurs, y sont appréciées ce qu'elles valent. L'auteur en dit assez sur les généraux de la reine Christine, lorsqu'il convient franchement que *cette longue guerre sans succès* a dû affaiblir le moral des troupes.

Il reproche avec raison aux généraux christinos d'avoir maladroitement disséminé leurs forces en fortifiant un trop grand nombre de points, où il leur a fallu mettre des garnisons, et dont plusieurs sont tombés au pouvoir de leur adversaire. Il donne à Valdès le conseil de ne pas suivre l'exemple de ses devanciers, conseil d'autant plus opportun, que, selon plusieurs journaux du Midi d'une date très-récente, les troupes de la reine travaillaient encore à fortifier d'autres points. Au reste, comme il faut être juste envers tout le monde, nous ferons remarquer que ce système de postes fortifiés, et le morcellement qui en a été la conséquence nécessaire, appartiennent beaucoup plus à Rodil qu'à Mina; et même tout porte à croire que ce n'est pas de Madrid que ce système a été suggéré à Rodil. Les résultats font certes infiniment d'honneur aux habiles stratégiciens qui l'ont conçu!

Quant à nous, nous croyons inutile d'engager Zumala-Carreguy à raser impitoyablement et sans qu'il en reste vestige, à très-peu d'exceptions près, tous les fortins ou postes retranchés dont il parviendra à s'emparer. Ce général prouve chaque jour qu'il connaît trop bien la guerre pour avoir besoin de conseils.

Le général B****** a été amené, par l'occasion, à faire une critique, quelque peu sévère, des opérations de *la plupart de nos généraux,* qui, dans la guerre de la Péninsule, de 1808 à 1814, ont fait précisément les mêmes fautes qu'il reproche aux généraux christinos. Nous n'entrerons dans aucune discussion à cet égard. Il rend assez justice à Zumala-Carreguy, sans cependant lui rendre toute celle qu'il mérite. Il le trouve réfléchi, rusé, patient et organisateur, *mais peu entreprenant, peu énergique dans les combats,* et c'est à cela que nous allons répondre.

Pour juger Zumala-Carreguy avec impartialité et avec connaissance de cause, il convient de se reporter au point d'où il est parti. Lorsque, simple colonel retraité, après la mort du roi Ferdinand, il déclara *tout seul* la guerre au gouvernement de la reine Christine, il ne lui manquait qu'une chose, c'était une armée. Il a donc fallu qu'il se la créât, c'est-à-dire qu'il se procurât d'abord tous les élémens nécessaires à sa composition; il lui a fallu former des cadres en officiers et en sous-officiers, et ces cadres étaient à peu près aussi neufs que les soldats destinés à les remplir; il lui a fallu improviser des chefs de corps et des généraux; et toute cette organisation, qui ne lui donnait encore qu'une armée presque entièrement composée de recrues, s'est faite sous le feu de l'ennemi. Mais ce n'est pas tout; pour être en état de combattre, il était indispensable que ces troupes fussent armées, et c'est aux dépens de l'ennemi qu'il s'est procuré la plus grande partie de leur armement. Il s'est formé ainsi, d'abord de l'infanterie, ensuite de la cavalerie, et enfin de l'artillerie. Or, on sait que l'organisation de ces deux dernières armes ne se fait pas aussi facilement que celle de la première, surtout lorsqu'on se bat tous les jours et qu'on n'a ni base d'opération ni places de dépôt.

C'est ainsi que Zumala-Carreguy fait, depuis plus de dix-huit mois, la guerre à un gouvernement établi, organisé, ayant une armée régulière, des milices, un matériel, des places fortes, des arsenaux, une marine, des alliances, et, de plus, de l'argent, puisqu'il s'est trouvé d'honnêtes gens doués d'une confiance assez robuste pour lui en prêter, même après sa banqueroute.

C'est en vain que ce gouvernement a opposé à Zumala-Carreguy les meilleurs généraux et les meilleures troupes de l'Espagne, parmi lesquelles figurait une partie de la garde royale. Le général de don Carlos a usé les armées et les généraux de l'ennemi ; sans parler de ceux de division et de brigade, le général en chef de l'armée de la reine vient d'être changé pour la sixième fois, et tous les renforts que pouvait envoyer le gouvernement de Marie-Christine ont été successivement dirigés sur les provinces du nord.

Il nous semble que le système de guerre suivi avec persévérance par Zumala-Carreguy ne lui a pas trop mal réussi, et que si on le trouve peu entreprenant, peu énergique dans les combats, on est en même temps obligé de convenir que ses adversaires l'ont été encore moins que lui, puisqu'ils n'ont pu parvenir à l'empêcher, tout en combattant, de se créer une armée et de l'équiper à leurs dépens.

Les généraux christinos auraient sans doute désiré le voir, à peine organisé, quitter ses montagnes, descendre dans la plaine et s'aventurer au loin, sans avoir peut-être la possibilité de les regagner; disposant de nombreuses troupes régulières, n'ayant point encore morcelé leurs forces, ils pouvaient se flatter d'avoir bon marché des bandes inexpérimentées et mal armées de Zumala-Carreguy. Mais depuis quand un général doit-il faire ce qui conviendrait le mieux à son ennemi? Nous pensons, et nous ne sommes pas seuls de cet avis, qu'il doit autant que possible s'attacher à faire précisément le contraire. Cependant les faits sont là pour prouver que Zumala-Carreguy descend dans la plaine, et loin d'éviter le combat, le recherche et même prend l'offensive, mais seulement quand il juge l'occasion favorable et le succès à peu près certain.

On a vu Zumala-Carreguy, dans la première période de la guerre, lorsque son armée, entièrement neuve, mal outillée et peu nombreuse, était encore sans cavalerie et sans artillerie, chercher d'abord à aguerrir ses troupes, à conquérir des armes et des munitions; obliger l'ennemi à se diviser, afin de le battre en détail; tomber à l'improviste, par des marches rapides, avec supériorité de forces, sur des corps détachés ou isolés, mais éviter de trop se compromettre. On l'a vu depuis se mesurer en ligne avec l'ennemi, notamment deux fois au pont d'Arquijas, où il a soutenu deux combats défensifs dans lesquels il est resté vainqueur. Maintenant il attaque et prend les postes fortifiés, tandis qu'en campagne ses troupes de toutes armes, devenues plus manœuvrières, abordent franchement l'ennemi. Il y a donc progrès, sage et méthodique si l'on veut, mais incontestable; car, il y a dix-huit mois, Zumala-Carreguy ne commandait pas un seul soldat en Navarre, et il a aujourd'hui sous ses ordres environ trente mille hommes, infanterie, cavalerie et artillerie.

La première condition indispensable, pour livrer des batailles et des combats, est d'avoir une armée. C'est à quoi est parvenu Zumala-Carreguy ; et on a vu que ce ne doit pas avoir été sans peine, puisqu'il lui a fallu la créer sur le terrain même qui lui servait de champ de bataille. Quand, après avoir surmonté de pareilles difficultés, on réussit, non seulement à se maintenir depuis plus d'une année et demie devant des forces supérieures, mais encore à lutter avec avantage contre ses adversaires, nous croyons qu'on a fait preuve suffisante de capacité, et comme organisateur et comme homme de guerre.

Au reste, pour mettre tout lecteur, qu'il soit ou non militaire, à même d'apprécier encore mieux le système de guerre de Zumala-Carreguy, nous allons prouver que s'il a pour lui les faits, il a aussi agi conformément aux principes. L'autorité sur laquelle nous nous appuierons n'est point de celles que l'on peut décliner ; elle doit être de quelque poids aux yeux des plus incrédules, et elle s'exprime en termes tellement clairs et précis, qu'il n'y a pas lieu à la moindre fausse interprétation.

Voici ce qu'on lit dans les *Maximes de guerre de Napoléon* (1).

____

(1) *Maximes de guerre de Napoléon.* Paris, chez Anse-

X. — Avec une armée inférieure en nombre, inférieure en cavalerie et en artillerie, *il faut éviter une bataille générale,* suppléer au nombre *par la rapidité des marches,* au manque d'artillerie *par la nature des manœuvres,* à l'infériorité de la cavalerie *par le choix des positions.* Dans une pareille situation, le moral du soldat fait beaucoup.

XIV. — Dans les montagnes, on trouve partout un grand nombre de positions, extrêmement fortes par elles-mêmes, *qu'il faut bien se garder d'attaquer.* Le génie de cette guerre consiste à occuper des camps, ou sur les flancs, ou sur les derrières de l'ennemi, qui ne lui laissent que l'alternative d'évacuer ses positions sans combattre pour en prendre une en arrière, *ou d'en sortir pour vous attaquer. Dans la guerre de montagne, celui qui attaque a du désavantage; même dans la guerre offensive, l'art consiste à n'avoir que des combats defensifs, et à obliger l'ennemi à attaquer.*

XVI. — *Une maxime de guerre bien éprouvée, est de ne pas faire ce que veut l'ennemi,*

lin, libraire pour l'art militaire, rue et passage Dauphine, 1827.

Ces *Maximes,* imprimées par Didot, dans le format in-32, font partie de la *Bibliothèque portative de l'officier.*

par la seule raison qu'il le désire ; ainsi on doit éviter le champ de bataille qu'il a reconnu et étudié; il faut mettre plus de soins encore à éviter celui qu'il a fortifié, et où il s'est retranché. Une conséquence de ce principe est de ne jamais attaquer de front une position qu'on peut obtenir en la tournant.

———

Après avoir mis les principes en regard des faits, et démontré qu'ils sont entièrement d'accord, nous croyons pouvoir conclure qu'il est impossible de ne pas reconnaître à Zumala-Carreguy une haute capacité militaire. Nous pensons que peu de généraux entendent, et surtout seraient en état de faire mieux que lui la guerre de montagne : et ce n'est pas la moins difficile. Quand bien même, en définitive, il succomberait, sa place n'en serait pas moins marquée honorablement dans l'histoire militaire de notre époque.

Si on nous demande maintenant à quoi peut mener la guerre civile des provinces du nord de l'Espagne, nous répondrons : Prenez patience ; l'Espagnol est patient et persévérant. Qu'on abandonne seulement les deux partis à eux-mêmes, qu'on s'abstienne de toute intervention, occulte ou patente, et on verra bientôt quelle cause est la plus nationale, la plus populaire. Dans un temps où l'on proclame si haut le principe de la souveraineté du peuple, où l'on se dit pénétré d'un saint respect pour la liberté et l'indépendance des nations, il serait loyal et juste de tenter l'expérience et de laisser faire : on se donnerait du moins l'air d'être d'accord avec soi-même.

Que peut avoir à redouter le gouvernement de la France, quel qu'il soit, du triomphe de don Carlos en Espagne? Le gouvernement de juillet ne fait-il pas bon ménage avec toutes les légitimités européennes? Que lui importe une légitimité de plus ou de moins? Ce n'est point pour lui une question d'intérêt réel; ce n'est même plus une question d'amour-propre. D'un autre côté, que peut-il espérer du gouvernement de la reine Christine, qui ne prendra jamais racine en Espagne? C'est un allié très-cher assurément, qui nous coûtera beaucoup, ne nous rendra jamais rien, et nous sera inutile quand il aura cessé de nous être à charge. L'état de guerre civile, que l'on fait durer plus long-temps par les secours que l'on prodigue en pure perte à un gouvernement sans avenir, ruine nos provinces du Midi, dont il entrave toutes les relations commerciales : il n'est profitable qu'aux contre-bandiers.

Le gouvernement français devrait cependant prévoir le cas où il se trouverait placé, très-prochainement peut-être, entre l'anarchie plus que probable en Angleterre, et la république possible en Espagne. L'Angleterre en aura pour long-temps ; la république ne sera pas de longue durée en Espagne : elle culbutera le fragile gouvernement christino, à moins qu'elle ne soit devancée par don Carlos, qui en aura bientôt fini avec elle, parce qu'il ralliera sous son drapeau tout ce qui, dans la Péninsule, ne veut pas de la république. Mais les embarras, l'agitation, l'inquiétude dans lesquels ces grandes perturbations sociales, ne fussent-elles que momentanées, jetteront les gouvernemens européens, et surtout ceux des pays limitrophes, n'en méritent pas moins d'être pris par avance en sérieuse considération.

Apprenant l'arrivée de don Carlos en Navarre, au mois de juillet de l'année dernière, un grand personnage christino disait : « C'est quelque chose « qu'un roi d'Espagne, dans son royaume, com-« battant à la tête de ses troupes. » Il aurait pu ajouter : C'est quelque chose qu'un roi qui a traversé trois cents lieues de pays ennemi pour venir partager les destinées de ses défenseurs.

Aucun prince, selon nous, ne devrait exciter à un plus haut degré que don Carlos l'intérêt et les sympathies de tous les gouvernemens qui voudront se maintenir au milieu des bouleversemens dont l'Europe est menacée, et nous n'en excepterons même pas le gouvernement qui régit aujourd'hui la France, car lui aussi doit vouloir sa propre conservation.

POST-SCRIPTUM.

Ce petit écrit était sous presse, lorsque des évènemens d'une haute importance, et par leur résultat actuel et par les conséquences qu'ils doivent avoir, sont venus confirmer tout ce que nous avons dit sur le système de guerre de Zumala-Carreguy. Ce général, avec une sagacité et une résolution dignes d'éloges, a encore saisi l'occasion : c'est tout à la guerre.

Il était au moment de prendre Bergara, point assez essentiel à occuper, ne fût-ce que temporairement, au moins pour en détruire les fortifications, parce qu'il est situé sur la grande route de Bayonne à Vittoria, à l'embranchement de plusieurs autres communications, principales ou secondaires, qui mènent en Biscaye et en Navarre. Informé de l'arrivée de Valdès sur l'Ebre, Zumala-Carreguy avait ordonné un mouvement de concentration d'une partie de ses forces disponibles, tant de Navarre que des provinces basques. Le 18 avril, il lève le siége de Bergara et marche rapidement au-devant de l'ennemi, vers les Amescoas.

Valdès ayant passé l'Ebre avec ses renforts, avait été joint par quelques corps envoyés au-devant de lui de Pampelune et appartenant à l'armée précédemment aux ordres de Mina. Il se dirige, de Vittoria, par Salvatierra, sur les Amescoas. A l'entrée de cette vallée, il rencontre, près d'Eulate, l'avant-garde de Zumala-Carreguy. Celui-ci feignit une retraite pour mieux engager son ennemi ; mais, après quatre jours de combats, du 21 au 24 avril, Valdès fut mis dans une déroute complète ; ses troupes ont éprouvé de grandes pertes : prenant des directions opposées, elles sont allées se rallier, partie au nord-est, vers Pampelune, partie au sud-ouest, sur l'Ebre, à Logrono et à Viana, où Valdès est, dit-on, de sa personne. Zumala-Carreguy profitera, sans nul doute, des succès qu'il a obtenus, de l'état de démoralisation où doit se trouver l'ennemi, et saura conserver tout l'avantage que lui donne sa position centrale sur la double ligne d'opérations de son adversaire (1).

Nous n'entrerons pas dans plus de détails; les journaux les ont donnés et en publieront encore. Nous n'écrivons point un bulletin; nous ne voulons que signaler les faits principaux pour en tirer des conséquences.

Nous servant des expressions de Napoléon, nous dirons que Zumala-Carreguy a pris Valdès *en flagrant délit*. Ces derniers faits d'armes sont incontestablement les plus remarquables de cette guerre. Nous persistons à soutenir qu'il y a progrès, et progrès très-sensible, chez les carlistes. On concevra que ces évènemens ne sont pas de nature à nous faire revenir de l'opinion que nous avons émise sur la capacité de Zumala-Carreguy comme homme de guerre.

(1) « Si deux masses partaient d'un point éloigné, pour marcher concentriquement sur un ennemi dont les forces seraient en lignes intérieures et plus rapprochées l'une de l'autre, il en résulterait que cette marche produirait la réunion des forces ennemies avant les leurs, *et les exposerait à une défaite inévitable.* C'est ce qui arriva à Moreau et à Jourdan, devant l'archiduc Charles, en 1796. En partant même d'un point unique, *ou de deux points beaucoup moins éloignés* que ne l'étaient Dusseldorf et Strasbourg, *on peut courir ce risque.* » (JOMINI, *Tableau analytique des principales combinaisons de la guerre, page 241.*)

FIN.

www.ingramcontent.com/pod-product-compliance
Lightning Source LLC
LaVergne TN
LVHW020441060726
842525LV00006B/2477